AF233418

RÈGLEMENT GÉNÉRAL

CONCERNANT LE SERVICE

DES

IMPRESSIONS GRATUITES.

19 JUIN 1877.

ARRÊTÉ.

Du 19 juin 1877.

Nous, Garde des Sceaux, Ministre de la Justice,

Vu les ordonnances des 28 décembre 1814, 12 janvier 1820, 23 juillet 1823, 21 juillet 1824 et 5 novembre 1828 [1], qui déterminent les obligations de l'Imprimerie Nationale en matière d'impression gratuite et fixent les conditions générales auxquelles doit demeurer subordonnée l'allocation de cette impression;

Vu les arrêtés ministériels et décisions de nos prédécesseurs, en date des 16 juillet 1824, 30 juillet 1824, 10 novembre 1828, 27 août 1831, 16 décembre 1836, 31 mars 1852 et 29 avril 1853;

Considérant que l'intérêt de ce service sollicite la révision, la modification sur certains points indiqués par la pratique et la coordination d'ensemble des dispositions prescrites par les divers arrêtés ou décisions susvisés;

Sur la proposition du Directeur de l'Imprimerie Nationale,

Arrêtons le présent règlement général du service des impressions gratuites, abrogeant toutes autres dispositions ministérielles antérieures relatives audit service :

[1] Voir aux annexes le texte de ces ordonnances.

TITRE PREMIER.

DU COMITÉ DES IMPRESSIONS GRATUITES.

ARTICLE PREMIER.

Les demandes d'impression gratuite sont soumises à l'examen d'un Comité spécial qui a le titre de *Comité des impressions gratuites*. Ce Comité donne son avis : 1° sur le degré d'utilité de la publication des ouvrages qui lui sont présentés ; 2° sur la quotité des crédits qu'il lui paraît convenir d'affecter à cette publication.

ART. 2.

Le Comité des impressions gratuites est présidé par le Garde des Sceaux, Ministre de la Justice, ou, au cas d'empêchement, par le Directeur de l'Imprimerie Nationale. Il comprend onze membres ordinaires, nommés par le Garde des Sceaux, Ministre de la Justice, sur la proposition du Directeur de l'Imprimerie Nationale, et choisis exclusivement parmi les membres des cinq académies de l'Institut.

Le Sous-Directeur de l'Imprimerie Nationale remplit les fonctions de secrétaire du Comité.

ART. 3.

La durée des fonctions des membres ordinaires du Comité des impressions gratuites est illimitée. Néanmoins tout membre qui, sans motifs légitimes, aura laissé passer une année sans assister aux séances, pourra être considéré comme démissionnaire et remplacé.

ART. 4.

Le Comité des impressions gratuites se réunit au moins deux fois par an et au plus une fois par trimestre, sur les convocations du Directeur de l'Imprimerie Nationale. Les lettres de convocation adressées à chaque membre indiquent le lieu de réunion, à la Chancellerie ou à l'Imprimerie Nationale.

ART. 5.

Les séances du Comité sont secrètes.

ART. 6.

Chaque séance donne droit pour chacun des membres à deux jetons de présence en argent, de la valeur de cinq francs chacun. Un exemplaire des ouvrages imprimés gratuitement est distribué, en outre, à chacun des membres du Comité.

ART. 7.

Pendant tout le temps qu'il fera partie du Comité, aucun membre ne pourra demander d'impression gratuite pour lui-même.

TITRE II.

DE LA FORME ET DE L'INSTRUCTION DES DEMANDES D'IMPRESSION GRATUITE.

ART. 8.

Les demandes d'impression gratuite sont adressées au

Garde des Sceaux, Ministre de la Justice, qui les transmet
pour instruction au Directeur de l'Imprimerie Nationale. Si
le manuscrit qui doit les accompagner ne s'y trouve pas
joint, le Directeur de l'Imprimerie Nationale invite les auteurs à en faire le dépôt dans ses mains.

ART. 9.

Aucun manuscrit n'est reçu ou examiné s'il ne paraît
entièrement terminé, mis en ordre, sans surcharges exces-
sives, et suffisamment lisible pour être composé sans
difficulté.

Il est accusé réception ou donné récépissé des manuscrits
présentés dans ces conditions.

ART. 10.

Le secrétaire du Comité tient un registre spécial sur lequel sont inscrits, par rang de date, le nom et la demeure
des demandeurs, le titre des ouvrages pour lesquels l'impression gratuite est sollicitée, la date de la présentation au
Comité, l'avis du Comité, et, dans le cas d'allocation de
l'impression gratuite, la date de la décision qui a accordé
cette allocation, le chiffre de la somme allouée, la date de
la remise du manuscrit à l'impression et celle de l'achève-
ment de l'ouvrage.

ART. 11.

Les fonctionnaires ou employés de l'Imprimerie Nationale chargés de la garde des manuscrits ou de la préparation

des devis de la dépense de publication ne peuvent, sous aucun prétexte, communiquer ces manuscrits à personne, ni s'en approprier le titre, la forme ou les détails, ni les faire connaître à d'autres, sous peine de révocation.

ART. 12.

Les devis de dépense soumis au Comité sont établis sur un chiffre comprenant : 1° cinq cents exemplaires d'auteurs, conformément à l'article 4 de l'ordonnance du 5 novembre 1828 [1]; 2° le nombre d'exemplaires en sus qui serait fixé par les règlements spéciaux du service des distributions ou par des décisions spéciales. Ces devis sont dressés d'après les tarifs annuels de l'Imprimerie Nationale. Ils comprennent tous les travaux nécessaires à l'exécution d'exemplaires brochés.

ART. 13.

Les travaux de luxe qui pourraient être demandés par les auteurs ou éditeurs, tels que tirage d'exemplaires sur papier de choix, reliure, etc., formeront l'objet d'un devis à part, dont le montant devrait être consigné par les demandeurs, conformément aux règlements de comptabilité de l'Imprimerie Nationale.

ART. 14.

Le Comité, s'il juge excessif ou inutile un tirage à cinq cents exemplaires, peut proposer l'allocation de l'impression gratuite pour un tirage à nombre restreint.

[1] Annexes, page 14.

TITRE III.

TENUE DES SÉANCES ET DÉLIBÉRATIONS DU COMITÉ.

ART. 15.

Au cas d'empêchement imprévu du président réglementaire du Comité, la présidence de la séance est exercée par le doyen d'âge des membres ordinaires présents.

ART. 16.

L'ordre du jour des séances est réglé ainsi qu'il suit :

Lecture et adoption du procès-verbal de la séance précédente ;

Exposé sommaire par le président de la situation des crédits d'impression gratuite ;

Rapports sur les ouvrages précédemment renvoyés à l'examen des membres du Comité ;

Présentation des demandes nouvelles.

ART. 17.

Les demandes d'impression gratuite sont présentées au Comité par le Directeur de l'Imprimerie Nationale, accompagnées du manuscrit de l'ouvrage et du devis des frais présumés de publication.

ART. 18.

Avant toute autre délibération, le Comité examine si la demande d'impression gratuite est admissible, en principe, selon les termes de l'ordonnance du 5 novembre 1828 [1].

[1] Annexes, page 14.

ART. 19.

Dans le cas de l'affirmative, l'ouvrage présenté est renvoyé à l'examen d'un rapporteur nommé au scrutin secret.

ART. 20.

Les membres du Comité s'abstiendront de faire connaître le nom du rapporteur d'un ouvrage et le nombre de voix qui a déterminé la majorité pour l'adoption ou le rejet de la demande.

En conséquence, le secrétaire du Comité ne peut donner communication des procès-verbaux qu'aux membres du Comité, pour les recherches auxquelles ils auraient besoin de se livrer.

ART. 21.

Dans le cas où un rapporteur serait connu de l'auteur de l'ouvrage, il sera dispensé, s'il en fait la demande, de faire son rapport, et un autre rapporteur sera nommé.

ART. 22.

Les rapports sont faits par écrit ; ils sont reproduits textuellement au procès-verbal et joints au dossier de la demande.

ART. 23.

Si, après la discussion du rapport et de ses conclusions, le Comité ne se trouve pas suffisamment éclairé, il peut renvoyer le vote à la séance suivante.

ART. 24.

Lorsque le Comité est d'avis d'admettre un ouvrage au

bénéfice de l'impression gratuite, sous la réserve de modifications, additions ou retranchements au manuscrit présenté, ce manuscrit est, avant tout vote définitif, renvoyé à l'auteur pour subir les modifications indiquées. Le vote définitif intervient ultérieurement sur un rapport complémentaire du premier rapporteur, auquel le manuscrit, modifié et accompagné, s'il y a lieu, d'un nouveau devis de dépense, est, dès sa rentrée, renvoyé d'office par le Directeur de l'Imprimerie Nationale.

ART. 25.

Les votes du Comité ont lieu au scrutin secret et à la majorité des suffrages des membres présents. Au cas de partage égal de ces suffrages, il est procédé à un second vote, après lequel, si l'égalité persiste, le président peut émettre un suffrage prépondérant.

ART. 26.

Les délibérations du Comité ne sont valables qu'autant que cinq membres ordinaires au moins ont assisté à la séance.

ART. 27.

L'allocation des frais d'impression peut être totale ou partielle.

ART. 28.

Dans sa séance de décembre de chaque année, le Comité, sur l'initiative du Directeur de l'Imprimerie Nationale, statue sur le renouvellement, pour l'année suivante, des crédits fixes accordés pour l'exécution de la collection orientale, pour les travaux de l'Institut, et pour les publications de diverses sociétés savantes [1].

ART. 29.

Le crédit ouvert chaque année au budget pour les impressions gratuites ne sera pas dépassé.

ART. 30.

Après chaque séance du Comité, le Directeur de l'Imprimerie nationale soumet à l'approbation du Ministre le procès-verbal de la réunion et prépare, sous la forme de rapports individuels du Ministre au Chef de l'État, les conclusions du Comité tendant à l'allocation totale ou partielle des frais d'impression.

TITRE IV.

DISPOSITIONS CONCERNANT L'EXÉCUTION DES OUVRAGES ADMIS AU BÉNÉFICE DE L'IMPRESSION GRATUITE.

ART. 31.

Les manuscrits des ouvrages admis au bénéfice d'une allocation totale ou partielle des frais d'impression prévus

[1] *État des crédits fixes d'impression gratuite à la date du présent règlement :*

Mémoires de l'Académie des sciences.....................	4,000^f
Mémoires de l'Académie des inscriptions et belles-lettres......	2,400
Journal asiatique.................................	3,000
Journal des savants................................	6,000
Collection des manuscrits orientaux...................	4,600
TOTAL.............	20,006

par le devis sont, séance tenante, parafés par premier et dernier feuillet par le secrétaire du Comité.

ART. 32.

Les devis ne prévoyant que des corrections légères et deux épreuves seulement, l'une en placard et l'autre en page, les excédants de dépenses résultant, soit de changements pendant l'impression, soit de la demande d'épreuves supplémentaires, resteront à la charge des auteurs.

ART. 33.

Le service de la correction de l'Imprimerie Nationale signale, sous sa responsabilité, au chef des travaux, qui en rend compte au Directeur, les changements apportés par les auteurs au texte de leur manuscrit, qui leur paraissent modifier le fond ou le sens de l'ouvrage.

ART. 34.

Ces changements, s'il y a lieu, sont déférés par le Directeur de l'Imprimerie Nationale au Comité des impressions gratuites, qui, s'il le juge utile, propose la révocation de l'allocation accordée.

ART. 35.

Dans tous les cas, les prix de changements ou corrections qui excèdent la somme prévue au devis sont à la charge des auteurs ou éditeurs.

ART. 36.

Le texte des cinq articles ci-dessus est notifié aux auteurs ou éditeurs en même temps qu'il leur est accusé réception des manuscrits déposés par eux.

ART. 37.

L'avis donné aux auteurs ou éditeurs de l'allocation totale ou partielle de l'impression gratuite par eux sollicitée leur rappelle de même les dispositions de l'article 1er de l'ordonnance du 21 juillet 1824 [1] prescrivant l'annulation des crédits accordés, lorsque des retards trop considérables sont, par le fait des bénéficiaires, apportés à l'exécution du travail.

ART. 38.

Tout ouvrage imprimé gratuitement à l'Imprimerie Nationale devra porter au bas de la page du titre la mention suivante :

Imprimé par autorisation du Gouvernement à l'Imprimerie Nationale.

ART. 39.

Sauf des cas très-exceptionnels, dont le Directeur de l'Imprimerie Nationale demeurera le juge, il ne pourra être établi à la fois, pour chaque ouvrage imprimé gratuitement, au delà de trois feuilles en caractères étrangers, ni de huit feuilles en caractères français.

ART. 40.

Dans le cas où l'impression gratuite n'aura été accordée que pour une partie des frais prévus, l'administration de

[1] Annexes, page 14.

l'Imprimerie Nationale devra, avant tout commencement d'exécution du travail, exiger des auteurs ou éditeurs la réalisation des garanties réglementaires pour le payement du surplus de la dépense.

ART. 41.

Il est interdit à tous agents de l'Imprimerie Nationale de retenir aucun exemplaire des ouvrages imprimés gratuitement au delà des nombres réglementaires des distributions de service. Les exemplaires complets qui pourraient être obtenus par la réunion des passes ou défets seront remis gratuitement aux auteurs ou éditeurs.

Paris, le 19 juin 1877.

Le Garde des Sceaux, Ministre de la Justice,

Signé : BROGLIE.

ANNEXES.

Ordonnance du 28 décembre 1814.

Art. 8. L'Imprimerie Royale restera exclusivement chargée:

. . . .

4° De l'impression des ouvrages dont nous autoriserons la publication sur les fonds que nous affecterons à cet effet, en faveur des auteurs ou éditeurs auxquels il nous plaira d'accorder cette marque de notre munificence, en tout ou en partie, à titre de récompense ou d'encouragement.

Ordonnance du 12 janvier 1820.

Art. 10. Le directeur de l'Imprimerie Royale sera tenu d'imprimer gratuitement les mémoires de l'Institut et les ouvrages de littérature, sciences et arts, ou tous autres, dont nous jugerons à propos, sur la proposition de notre garde des sceaux, d'ordonner la publication à titre de récompense ou d'encouragement.

La valeur de ces impressions ne pourra pas s'élever annuellement à plus de quarante mille francs. Cependant, si les travaux ordonnés pendant une année n'atteignent pas cette somme, l'excédant non employé viendra accroître le fonds destiné aux impressions gratuites pour les années subséquentes.

Ordonnance du 23 juillet 1823.

Art. 3. Il ne sera exécuté à l'Imprimerie Royale aucun travail d'impression pour le compte des particuliers.

Sont seuls exceptés de cette prohibition:

1° Les ouvrages dont l'exécution exigera des caractères qui ne se trouvent pas dans les imprimeries ordinaires;

2° Les ouvrages dont nous aurons ordonné l'impression gratuite, conformément au n° 4 de l'article 8 de l'ordonnance du 28 décembre 1814 et à l'article 10 de l'ordonnance du 12 janvier 1820.

Ordonnance du 21 juillet 1824.

Art. 1er. Toute autorisation d'impression gratuite à l'Imprimerie Royale, qui, par le fait de l'auteur ou de l'éditeur, n'aurait reçu, dans les six mois du jour où nous l'avons accordée, aucun commencement d'exécution, est annulée.

Sont également annulées toutes autorisations du même genre dont l'exécution aurait été commencée et suspendue ensuite pendant six mois par le fait des auteurs ou des éditeurs.

Pourront néanmoins ces derniers se pourvoir devant nous dans les deux cas, pour obtenir, s'il y a lieu, de nouvelles autorisations.

Art. 2. Les dispositions qui précèdent seront applicables aux autorisations d'impression gratuite que nous accorderons à l'avenir.

Art. 3. Lorsque nous aurons accordé un crédit déterminé pour l'impression gratuite d'un ouvrage, si les frais d'exécution sont inférieurs à ce crédit, les auteurs ou éditeurs ne pourront se prévaloir de l'excédant, qui sera annulé de plein droit.

Ordonnance du 5 novembre 1828.

Art. 1er. Il ne pourra être demandé de crédits totaux ou partiels pour des impressions gratuites à l'Imprimerie Royale que dans les cas ci-après :

1° Pour la publication des mémoires des académies royales formant l'Institut de France;

2° Pour la publication du résultat des travaux de celles des sociétés savantes, formées à Paris, qui n'ont point de dotations spéciales pour cet objet, et auxquelles nous jugerons devoir accorder cette faveur, en raison de leur utilité pour les belles-lettres, les sciences et les arts;

3° Pour la première publication d'ouvrages de sciences, d'histoire ou de littérature, écrits en totalité ou dans leur plus grande partie en caractères orientaux;

4° Pour la première publication des mémoires couronnés par les diverses classes de l'Institut de France;

5° Pour la première publication des ouvrages de sciences et d'arts ou d'érudition dans tous les genres jugés utiles, lorsque la quotité des frais à faire pourrait en priver le public;

6° Pour la première publication du texte des ouvrages jugés utiles, accompagnés d'un grand nombre de plans, cartes, planches ou figures, lorsqu'ils ne sont pas entrepris sur des souscriptions et que les frais doivent être trop considérables pour que l'éditeur puisse s'en couvrir assez promptement par la vente.

Art. 2. Dans les cas des n°^{os} 2 à 6, les crédits ne pourront être demandés que jusqu'à concurrence de la somme nécessaire pour couvrir la perte éventuelle que pourraient faire les éditeurs.

Art. 3. Les crédits pourront n'être accordés qu'à la charge de laisser à notre disposition un certain nombre d'exemplaires pour être remis aux diverses bibliothèques de notre royaume.

Art. 4. Les crédits ne pourront être demandés que sur un devis des frais établi sur un nombre de cinq cents exemplaires au plus, et qui ne comprendra que la composition, le tirage et le papier ordinaire de l'édition, sans aucune main-d'œuvre accessoire.

Les mains-d'œuvre seront exécutées à l'Imprimerie Royale, aux prix du tarif approuvé par nous pour cet établissement.

Art. 5. Dans les cas où les éditeurs demanderaient un plus grand nombre d'exemplaires, ils leur seront fournis, et les frais de composition ne seront point portés dans les mémoires de ce tirage supplémentaire.

Art. 6. Il n'est rien changé aux dispositions de l'ordonnance royale du 21 juillet 1824, qui continuera à recevoir son exécution.

Imprimerie Nationale. — Juin 1877.